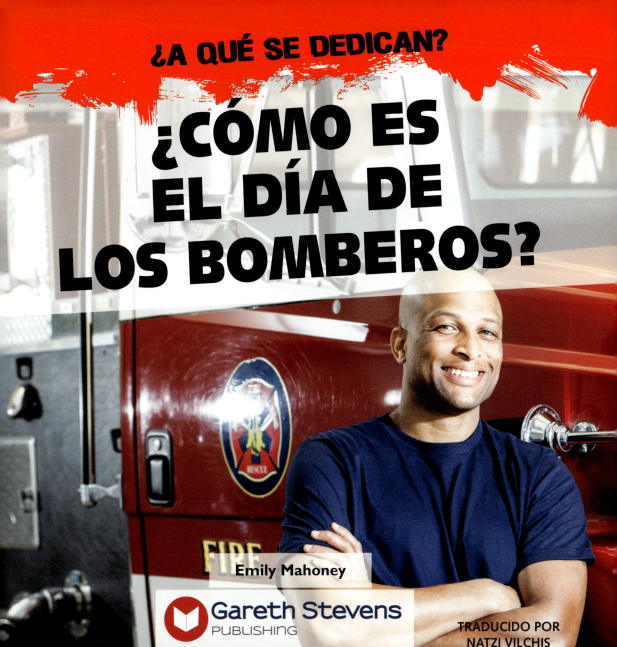

¿A QUÉ SE DEDICAN?

¿CÓMO ES EL DÍA DE LOS BOMBEROS?

Emily Mahoney

Gareth Stevens PUBLISHING

TRADUCIDO POR NATZI VILCHIS

Please visit our website, www.garethstevens.com. For a free color catalog of all our high-quality books, call toll free 1-800-542-2595 or fax 1-877-542-2596.

Library of Congress Cataloging-in-Publication Data

Names: Mahoney, Emily Jankowski, author.
Title: ¿Cómo es el día de los bomberos? / Emily Mahoney.
Description: New York : Gareth Stevens Publishing, [2021] | Series: ¿A qué se dedican? | Includes index.
Identifiers: LCCN 2019054540 | ISBN 9781538261132 (library binding) | ISBN 978153826118 (paperback) | ISBN 9781538261125 (6 Pack)| ISBN 9781538261149 (ebook)
Subjects: LCSH: Fire fighters–Juvenile literature.
Classification: LCC HD8039.F5 M34 2020 | DDC 628.9/2023–dc23
LC record available at https://lccn.loc.gov/2019054540

Published in 2021 by
Gareth Stevens Publishing
111 East 14th Street, Suite 349
New York, NY 10003

Copyright © 2021 Gareth Stevens Publishing

Translator: Natzi Vilchis
Editor, Spanish: Diana Osorio
Designer: Laura Bowen

Photo credits: Series art Dima Polies/Shutterstock.com; cover, pp. 1, 5 kali9/E+/Getty Images; p. 7 JBryson/iStock/Getty Images Plus/Getty Images; p. 9 Tom Carter/Photolibrary/Getty Images Plus/Getty Images; p. 11 Maskot/Maskot/Getty Images; p. 13 Daniel Barry/Stringer/Getty Images News/Getty Images; p. 15 Chris Cheadle/Photographer's Choice/Getty Images Plus/Getty Images; p. 17 Viviane Moos/Contributor/Corbis Historical/Getty Images; p. 19 kdshutterman/iStock/Getty Images Plus/Getty Images; p. 21 LPETTET/E+/Getty Images.

All rights reserved. No part of this book may be reproduced in any form without permission in writing from the publisher, except by a reviewer.

Printed in the United States of America

Some of the images in this book illustrate individuals who are models. The depictions do not imply actual situations or events.

CPSIA compliance information: Batch #CS20GS: For further information contact Gareth Stevens, New York, New York, at 1-800-542-2595.

CONTENIDO

Ayudan a la comunidad 4

Planificación y entrenamiento 6

Atender una llamada 10

Grandes incendios. 14

Después de una llamada 18

Un trabajo heroico 20

Glosario. 22

Para más información 23

Índice. 24

Las palabras del glosario se muestran en **negrita** la primera vez que aparecen en el texto.

Ayudan a la comunidad

Ser bombero es un trabajo **peligroso**, pero también es muy **gratificante**. Los bomberos ponen su vida en **riesgo** para ayudar a los miembros de su comunidad. Pero no todos los días están llenos de grandes incendios. Sigue leyendo para averiguar exactamente lo que hace un bombero durante su día.

Planificación y entrenamiento

Cuando los bomberos no atienden incendios, suelen pasar el tiempo trabajando en el centro de bomberos. A menudo trabajan en ejercicios de entrenamiento con otros bomberos para perfeccionar sus habilidades y mantenerse en forma. ¡Deben estar en condiciones de levantar mangueras pesadas!

Los bomberos deben estar listos para atender una llamada tan pronto la reciban. Esto significa asegurarse de que su equipo, o herramientas, esté limpio, abastecido y que funcione bien. También deben verificar que el camión de bomberos esté limpio y con el tanque de gasolina lleno en caso de que reciban una llamada.

Atender una llamada

Cuando reciben una llamada de auxilio, los bomberos deben actuar muy rápido. ¡Pueden tener sólo unos minutos! Los bomberos se ponen el equipo, incluyendo un traje y botas **ignífugo**, un casco y **protección** para los ojos. Luego, suben al camión para ir a ayudar.

No todas las llamadas son debido a un gran incendio. Los bomberos también **responden** a las llamadas sobre pequeños incendios, personas heridas e incluso derrames **químicos** que deben limpiarse. Cada llamada es diferente. Los bomberos deben estar listos para revisar el lugar del accidente y ver cómo pueden ayudar mejor.

Grandes incendios

A veces, los bomberos reciben llamadas para apagar un edificio en llamas. Cuando eso sucede, los bomberos primero deben revisar si hay alguien en el edificio que necesite ayuda. Luego, elaboran un plan para apagar el fuego de la manera más rápida posible.

Los bomberos suelen arreglar los hidrantes contra incendios. De ahí obtienen el agua necesaria para apagar el fuego. A menudo muchos bomberos trabajan en ello durante un incendio. También deben estar atentos a las señales que dé la **estructura** del edificio, pues si se debilita, podría caer y herir a alguien.

Después de una llamada

Una vez que se ha apagado un incendio, los bomberos aún tienen trabajo por hacer. Cada llamada debe ser **documentada**. Todo el equipo debe ser examinado o revisado antes de regresarlo al camión de bomberos para que esté listo para la próxima llamada.

Un trabajo heroico

A pesar de que es un trabajo difícil y peligroso, un bombero salva vidas. Entrenan, mantienen su equipo limpio y listo, y atienden llamadas para ayudar a la gente. ¡Un bombero nunca sabe cómo será su día! Pero, una cosa es segura: los bomberos son héroes en su comunidad.

GLOSARIO

documentar: describir los hechos para una prueba oficial.

estructura: las partes que componen un edificio.

gratificante: producir una buena sensación de que has hecho algo importante o útil.

ignífugo: que no se puede quemar.

peligroso: que es inseguro.

protección: el acto de evitar que algo o alguien se dañe.

químico: materia que se puede mezclar con otra materia para causar cambios.

responder: tener una reacción a algo.

riesgo: la posibilidad de que algo malo o inseguro pueda suceder.

PARA MÁS INFORMACIÓN

LIBROS

Aylmore, Angela. *We Work at the Fire Station.* Chicago, IL: Heinemann Library, 2006.

Grambling, Lois G. *My Mom Is a Firefighter.* New York, NY: Scholastic, 2007.

SITIOS DE INTERNET

Fire Safe Kids
www.firesafekids.org/
Este sitio de Internet tiene actividades divertidas e información útil sobre seguridad contra incendios para los niños.

NVFC National Junior Firefighter
juniors.nvfc.org/juniors/
Obten más información sobre el programa de bomberos junior.

Nota del editor a los educadores y padres: nuestro personal especializado ha revisado cuidadosamente estos sitios de Internet para asegurarse de que son apropiados para los estudiantes. Sin embargo, muchos de ellos cambian con frecuencia, por lo que no podemos garantizar que contenidos que se suban a esas páginas posteriormente cumplan con nuestros estándares de calidad y valor educativo. Les recomendamos que hagan un seguimiento a los estudiantes cuando accedan a Internet.

ÍNDICE

actuar rápido, 10

camión de bomberos, 8, 10, 18

casco, 10

derrames químicos, 12

entrenamiento, 6, 20

equipo 8, 10, 18, 20

estructura del edificio, 16

habilidades, 6

héroes, 20

hidrantes contra incendios, 16

incendios, 4, 6, 12, 14, 16, 18

llamada documentada, 18

mangueras, 6

mantenerse en forma, 6

protección para los ojos, 10

riesgo/peligro, 4, 20, 22

salvar vidas, 20

traje y botas ignífugo, 10